© Gabriela Bautista

José Javier Villarreal is a Mexican poet born in 1959 in Tecate. He is the author of *Mar del Norte* (1988), *Portuaria* (1997), *Bíblica* (1998), *La Santa* (2007), *Campo Alaska* (2012), *Una señal del cielo* (2017), *Los secretos engarces* (2021), and *Retratos de familia* (2025), among others. He is also a translator and essayist. Awards he has received include the Premio Nacional de Poesía Aguascalientes, the Premio Nacional de Poesía Alfonso Reyes, the Premio a las Artes UANL, and the World Cultural Council Award. His work has been translated into French, Portuguese, and Italian. Since 2020, he has directed the international poetry series El oro de los tigres.

Scott Bennett holds a PhD in Hispanic Languages and Literatures from the University of California at Santa Barbara. He is a university professor, literary translator, and photographer. He has published articles on Mexican literature and visual culture, and has translations of poets such as José Javier Villarreal, Víctor Soto Ferrel, and Carlos Adolfo Gutiérrez Vidal (among others) in *Across the Line / Al otro lado: The Poetry of Baja California* (Junction Press, 2002). He has exhibited photos internationally, and had a photo included in the International Center of Photography exhibit (and book publication) titled *#ICPConcerned: Global Images for Global Crisis.*

# North Sea

First edition: October, 2025
Original Title: Mar del Norte

© José Javier Villarreal, 1988
© of the translation Scott Bennett, 2025
All rights reserved. Published in the United States of America by Broken Bowl Books

Manufactured in the United States of America
Cover engraving: Víctor Ramírez

Broken Bowl Books
PO BOX 450948
Laredo TX 78045-0023
www.brokenbowlbooks.com

Total or partial reproduction of this work, by any means or process whatsoever, is strictly forbidden without the written authorization of the copyright holders under the sanctions established by the law.

ISBN: 978-1-969317-12-5
Library of Congress Control Number: 2025947746

José Javier Villarreal
# North Sea

Translated by Scott Bennett

Broken Bowl / Books

# Índice / Contents

11    NORTH SEA
      *Translating Mar del Norte: Context, Background, and Practice*   17
      *Works Cited*   22

23    I

24    POEMAS BAJACALIFORNIANOS / BAJA CALIFORNIAN POEMS
      La espera   26
      *The Wait*   27
      Otoño   28
      *Autumn*   29
      En mañanas como ésta   30
      *On Mornings Like These*   31
      Canción de primavera   32
      *Spring Song*   33
      Sin título IV   34
      *Untitled IV*   35
      Brujas   36
      *Bruges*   37
      Elegía frente al mar   38
      *Elegy Facing The Sea*   39
      Canción de noviembre   40
      *November's Song*   41
      Mis abuelos   42
      *My Grandparents*   43
      Tijuana   44
      *Tijuana*   45
      Declaración   46
      *Declaration*   47

Balada del sonámbulo  48
*Sleepwalker's Ballad*  49
Rosarito - Tijuana  52
*Rosarito – Tijuana*  53

56   INSTANTÁNEAS / SNAPSHOTS
[Entre las ramas verdes de los olivos…]  58
*[The angel of silence wanders among… ]*  59
[Tras la escarcha y la ventisca de enero…]  60
*[The house holds up through the frost …]*  61
[La lluvia ha terminado su festín de sombras…]  62
*[The rain has finished its banquet of shadow…]*  63
[He visto a la corneja volar …]  64
*[I have seen the crow flying …]*  65
[En esta plaza de luces mortecinas…]  66
*[In this plaza of fading lights…]*  67

68   HISTORIA / HISTORY
I    70
I    71
II   76
II   77
III  80
III  81
IV   84
IV   85
V    88
V    89
VI   90
VI   91

92   II
[Las costas del norte quedaban lejos…]  94

[*The northern coasts were far away...*] 95

96 JACULATORIAS / ORISONS
Las lápidas de las viejas zorras inglesas   98
*The Tombstones Of The Old English Foxes*   99
Croisset, mayo 1853   102
*Croisset, May 1853*   103
Los muertos del valle de Issa   104
*The Dead From The Valley Of Issa*   105
Canción primera   106
*First Song*   107
En memoria de W. B. Yeats   110
*In Memory Of W. B. Yeats*   111

112 HOMENAJES / HOMAGES
Don Luis de Góngora, capellán real de Felipe III   114
*Don Luis De Góngora, Royal Chaplain Of Philip III*   115
Corría el año de 1627 y el verano estaba cerca;   116
*It was 1627 and summer was near;*   117
Salutación de invierno   118
*Winter's Greeting*   119
Historia   120
*History*   121
El príncipe Manfredo maldice a su Santidad Clemente el Piadoso   122
*Prince Manfred Curses His Holiness Clement The Merciful*   123
Balada a la memoria de François Villon   126
*Ballad In Memory Of François Villon*   127
Al alba   130
*At Dawn*   131
Después de la batalla   132
*After The Battle*   133

A Clodia 140
*To Clodia* 141

144 ADDENDA / ADDENDA
Oda a Ibn Gabirol 146
*Ode To Ibn Gabirol* 147

# North Sea

*a Minerva Margarita*
*a José Pablo*

*for Minerva Margarita*
*for José Pablo*

*Provisionalmente no cantaremos al amor*
CARLOS DRUMMOND DE ANDRADE

*For a while, we will not sing to love*
CARLOS DRUMMOND DE ANDRADE

# Translating *Mar del Norte*: Context, Background, and Practice

Scott Bennett, PhD

The poetry of José Javier Villarreal is a departure, a seeing through hearing, a constant musical play of rhythms and images. In *Light from a Nearby Window*, Juvenal Acosta designates Villarreal's poetry as heir to the forms *poésie provençale* and *chanson de geste* (230). While these categories are helpful in establishing a general or broad overview of a specific poetic genre, it will be necessary to go beyond any fast or all-encompassing definition to help determine what Villarreal's poetry truly represents. While the designation by City Lights Books delighted Villarreal, "... it was something that I was hoping for, it pleased me ..." (interview), he goes on to note that the forms *poésie provençale* and *chanson de geste* obey specific established literary forms, examples of which he does not necessarily find evident in his own poetry. Villarreal continues, "... there is definitely an affinity for medieval poetry, but I feel that there is more of a link to the baroque..." (interview).[1]

One of the most important elements in Villarreal's poetry is the influence of a strong oral tradition. While growing up, Villarreal spent time on his maternal grandparents' ranch where he experienced the world of the workers on the farm, who, after working, would spend the evenings telling stories. These workers from southern Mexico had a very rich oral tradition and left an indelible mark on Villarreal. Another key influence was his grandmother, who would read him fairy tales, legends, and other stories, thus reinforcing the aspect of listening. Villarreal believes that the influence of hearing "... determined the fact that I would write verse and not prose ... because everything passes

---

1   All translations from the Spanish are mine. As a foundational source text, I reference my master's thesis from San Diego State University titled *Analysis and Translation of 'Mar del Norte' by José Javier Villarreal*.

through the patterned form of hearing" (interview). The lyrical narrative of *Mar del Norte* is music for the image, emphasizing the importance of poetry being read aloud and reinforcing the crucial experience of hearing and the elements involved in such a process: cadences, sounds, rhythms, and stress. As Villarreal has reaffirmed, "For me, it is very important to hear" (interview).

Some of the predominant themes in *Mar del Norte* include the following: childhood, leaving a place behind, an arrival, a departure. Also included are references to fog, the months of fall and winter, and the physical surroundings of northern Mexico, subjects intricately tied to Villarreal's love for geography. As Villarreal has stated, "... this seductive world of fall and winter has stayed with me ... my world was a world of fog, the fog between Tijuana and Tecate at night" (interview). Another key aspect of *Mar del Norte* is the contrast made between the cities of Tecate and Monterrey, and the emphasis of not only a physical separation, but a psychological one as well. More than anything, the themes found in his poetry are personal. Villarreal notes, "Everything must come from personal experience in order for there to be any poems ..." (interview). Gabriel Trujillo Muñoz notes the personal aspects of Villarreal's poetry but also mentions the collective or universal tendencies when he observes, "... José Javier Villarreal, with *Mar del Norte* (1988) and *La Procesión* (1991) creates with erudite imagination a past both personal and collective: the Tecate of his infancy, the Tijuana of his adolescence, the medieval Europe of his readings ..." (96). In contrast, many of Villarreal's themes are purely literary also. He has the freedom as a poet to include fictitious references and makes no claim to historical or informational accuracy, even though many true historical and literary figures are named. As Villarreal has mentioned, "I believe that poetry is a very rich field for working lyrical fiction ... in other words, I write literature, not history, I do not claim to write history ... it's a game, my pleasure, my pleasure in writing" (interview). This sense of spontaneity and freedom in writing is perhaps explained by Villarreal's personal observation that, "People go on living quietly without my books, no one is waiting for my next book ... and this gives me great freedom" (interview).

Taking into consideration many of the currents in the lyrical narrative of José Javier Villarreal, one notes an affinity with a strong oral tradition and ties to baroque influences as fundamental. These observations are made to help offer a better understanding of the background and influences that make Villarreal's poetry unique, and the true reason behind the present analysis is to heighten awareness and to increase interest in the poems themselves, not to offer the definitive "last word" on his poetry. As Villarreal has mentioned, "My poetry is still in progress ... there is more to come" (interview). My brief essay offers an overview of Villarreal's poetry to prepare the reader, entering a world of words and rhythms, intimate images of suffering and pleasure, a "seeing through hearing" and a "departure." Engaging *Mar del Norte*, the reader soon finds out why Villarreal's poetry can *conquistar lo inalcanzable…y lograr el canto* (to conquer the unconquerable, and to achieve the song).

One of the first challenges I faced as translator was in the poem "The Wait," when I noticed an ambiguous pronoun reference in the term *entrar a ella*. It was difficult to determine what the pronoun *ella* referred to. Taking into consideration previous femenine singular nouns, a choice had to be made from contextual clues and the general flow of action in the poem. While *la puerta* and *esta tarde lluviosa* seemed to be the obvious principal choices, after consulting with Villarreal, I decided to follow the process of motion of the lines in question, incorporating the translation "going into the house," which doesn't even exist at the level of the word in the poem. In the poem, "Spring Song," I have attempted to maintain similar sound and rhythm patterns, in this case alliteration, offering "long lament" for *un largo lamento*. Such approximations have been key in trying to recreate the sound patterns of the poems and are incorporated throughout my translation of *Mar del Norte*.

Another important consideration that I had to make was the choice of how to show possession. While Spanish word order incorporates *de* to show possession, English utilizes not only this option, but also inverted word order and the apostrophe preceding the *s*. In most cases, I opt for the inverted word order, such as *North Sea* instead of *Sea of the North* for *Mar del Norte*. At times, I incorporated all three styles but tended to keep the shorter versions. In the poem, "Untitled IV," while using the longer style in showing possession, I was still faced with making a choice of how to render *las manos apretadas del demente*. While many versions are possible for *demente*, such as "demented one" or "lunatic," I chose "the clenched fists of the madman" to help retain the gender reference of the Spanish, something that the other possible translations don't accomplish successfully.

At times Villarreal incorporates expressions that are simply difficult to render in English because of vocabulary limitations. An example of this comes from the poem "My Grandparents" and the expression *su dureza alcanza los márgenes del llanto*. In maintaining a high register in the translation, I didn't want to impose my own bias or ideology by incorporating too loose of a style or even a paraphrase. In this case a literal translation would be too far from the desired feeling or meaning. My recourse was to express the sense of meaning the author alludes to, thus my translation "his toughness almost brings me to tears." While not using fancy words, the translation renders the meaning in a concise but true manner.

As Suzanne Jill Levine has noted, "Translation betrays because, like criticism, it makes choices" (34). In the same manner, I have found it necessary to make choices to help bring out the "true sense" of a poem, or as Hugh Kenner has observed concerning Ezra Pound, "He does not translate words" (11). The first line of the poem "Tijuana" requires that a choice be made in considering the word *espina*, from the line "Esta ciudad nos duele como una espina en la garganta" (22). While many translations are possible at the level of the word, the true sense of the poem's purpose is rendered by the expression "fishbone stuck in our throats," tending to create the image of someone choking, indicating discomfort and pain. "Tijuana" is an ominous poem, and my translation helps create a visceral, discomforting impression beginning with the very first line.

I have included the previous examples to help clarify a sense of my translation process of *Mar del Norte*, and there are many other translation decisions that I faced and could share, going into even more depth. I highlight these specific cases to show more detailed context concerning my process and ideology in translating Villarreal's work, but I also understand that this brief essay is to lead the reader to Villarreal's poems. Ultimately, my focus is to enhance understanding concerning the author's work and shed some light on my choices as a translator. One thing is clear: I have benefited immensely from direct contact with Villarreal himself to help clarify and inform my own translation process—something that undoubtedly will make the final version more faithful and meaningful. Burton Raffel has noted that "The impossibility of translation is in a sense not debatable. If every human language is distinct (as it is) in structure, sound, and vocabulary and if every language contains unique features, then clearly it is literally impossible to fully render anything written in one language into another" (11). In my own translation of *Mar del Norte*, I have attempted to maintain Villarreal's tone by offering an English of a similar register, while at the same time incorporating such literary devices as alliteration and rhythm to help keep very close ties to the original Spanish. As we have observed, an exact rendering of *Mar del Norte* is impossible in English, but Raffel has also noted that "The impossibility of exact recreation does not preclude the very real possibility of approximation—and it is precisely on approximation that good translation of poetry must be built" (13). It is with this very hope that I present my own approximation, rewriting, and recreation of José Javier Villarreal's *Mar del Norte*, now also known as *North Sea*.

## Works Cited

ACOSTA, JUVENAL. *Introduction. Light from a Nearby Window: An Anthology of Contemporary Mexican Poetry*. Ed. Juvenal Acosta. San Francisco: City Lights Books, 1993. i-iii.

BENNETT, SCOTT. *Analysis and Translation of 'Mar del Norte'* by José Javier Villarreal. 1997, San Diego State University, master's thesis.

KENNER, HUGH. *Introduction. Ezra Pound: Translations*. By Ezra Pound. New York: New Directions Publishing Corporation, 1963. 9-14.

LEVINE, SUZANNE JILL. *The Subversive Scribe: Translating Latin American Fiction*. St. Paul: Graywolf Press, 1991.

RAFFEL, BURTON. *The Art of Translating Poetry*. University Park: The Pennsylvania State University Press, 1988.

TRUJILLO MUÑOZ, GABRIEL. *Los signos de la arena: ensayos sobre literatura y frontera*. Mexicali, UABC, 1994.

VILLARREAL, JOSÉ JAVIER. *Mar del Norte*. México, D. F.: Editorial Joaquín Mortiz, S. A. de C. V., 1988.

—. Mer du Nord / *Mar del Norte*. trans. Françoise Roy. Ottawa, Canada: Écrits des Forges, 2008.

—. Personal interview, 8 January 1997.

I

## Poemas bajacalifornianos

# Baja Californian Poems

## La espera

Brama el tigre en el jardín,
ruge el enojo destilando puñetazos a la puerta cerrada.
En el jardín selvático se oye el rugido, pero la puerta se mantiene
    cerrada,
las ventanas cerradas y las cortinas corridas;
nadie se atreve en esta tarde lluviosa; nadie piensa siquiera
    en entrar a ella.
Por las enredaderas la lluvia se desliza construyendo miradas
    turbias,
rojos círculos que pesan en el aire, que se fijan
    en las rejas.
El tigre bosteza somnoliento acariciando los pétalos frescos.
Por la calle, nadie; sólo un viejo auto frente a la casa.
–Nadie se atreve en esta tarde lluviosa; nadie piensa siquiera
    en entrar a ella–.
Las luces se encienden en el revuelo de las luciérnagas,
la puerta se atasca y huele a humedad.
El tigre desciende virilmente calle abajo, cuando en la casa
    alguien
(no descrito antes)
descorre lentamente una cortina (y empieza a amanecer).

# The Wait

In the garden the tiger roars,
bellowing anger rhythmically pawing at the closed door.
The roar is heard in the garden jungle, but the door remains
    closed,
windows shut, and the curtains drawn;
no one dares this rainy afternoon, no one even thinks about
    going into the house.
The rain glides down the climbing vines producing confused
    glances,
red circles that weigh heavy in the air, embedding themselves
    in the bars.
The tiger yawns sleepily caressing the fresh petals.
In the street, no one; just an old car in front of the house.
–No one dares this rainy afternoon; no one even thinks about
    going into the house–.
The lights go on amidst the whirl of fireflies,
the door jams, and smells of humidity.
The tiger prowls with virility down the street, when someone
    in the house
(not described before)
slowly draws open a curtain (and it begins to dawn).

## Otoño

Este día el otoño es una piedra azul,
un jalar del gatillo en la noche;
sólo un rumor: la caricia que abre las alas.
El otoño es una gran herida, un fuego violento,
el cervatillo que no deja rastro alguno,
la sombra en el ángulo más claro de tu risa.
A veces parece estar muerto sobre el césped
pero tan sólo aguarda un descuido para caer de lleno,
para tender sus redes amarillas en torno a tu cuerpo.
El otoño asemeja ser una fiera desconocida,
una serpiente marina soñada por los navegantes del siglo xv,
la pesadilla donde descansa la razón de la joven amante.
El otoño, con su pesadez de años,
abriendo las puertas de los jardines vedados.

# Autumn

Today autumn is a blue stone,
a trigger's pull in the night;
a mere murmur: the caress that spreads its wings.
Autumn is a deep wound, a violent fire,
the fawn that leaves no trail,
the shade in the clearest angle of your laughter.
At times it seems to lie dead on the grass,
but it is only waiting for the slightest carelessness to fall completely,
to throw its yellow nets around your body.
Autumn resembles an unknown beast,
a sea serpent dreamed of by fifteenth-century sailors,
the nightmare where the young woman lover's reason rests.
Autumn, with its heaviness of years,
opening the doors of forbidden gardens.

### En mañanas como ésta

He sentido la tristeza en tus ojos,
la luz de mi casa apagada a todas horas,
el jardín que duerme junto a tu olvido.
En mañanas como ésta, cuando miro fijamente el mar,
tu rostro desaparece de la ventana,
te empiezo a perder en la brillantez salada de la espuma.
Te sé sobre la arena envuelta en una soledad más que violenta,
en una madrugada de hombres solos, de playas desiertas.
En mañanas como ésta
en que el amanecer no significa gran cosa
tu cuerpo invade mi cuerpo como la marea cansada de mojar
   la misma piedra.

## On Mornings Like These

I have felt the sadness in your eyes,
the light in my house turned off all the time,
the garden that sleeps next to your oblivion.
On mornings like these, when I stare at the sea,
your face disappears from the window,
I begin to lose you in the foam's salty brilliance.
I sense you on the sand wrapped in a more than violent loneliness,
in an early morning of solitary men and deserted beaches.
On mornings like these
in which the dawn doesn't mean much
your body invades my body like the tide tired from lapping
      the same stone.

## Canción de primavera

Porque a veces el cielo es toda una evidencia,
un ángel enfermo que nos llama, la lluvia por la calle.
Es el golpe que nos desgarra la cara, que nos tira;
es la fuerza del miedo: el perro que ladra toda la noche.

Porque sucede, a veces, que el cielo no existe,
es sólo un recuerdo, la referencia obligada para el llanto.
Y es entonces cuando la ciudad se vuelve un largo lamento,
una mujer que nos besa el cuello y nos corta el sexo
como un atardecer intenso que no termina nunca.

Porque a veces la primavera suele ser fría y cruel
como los ojos quebrados de la víctima,
como ese aliento pesado de las mujeres olvidadas.

Pero la muerte puede ser otra cosa:
una noche entera aguardando el calor del mediodía,
el deseo que nos hace odiar hasta la última parte de nuestro cuerpo;
el hambre, el dolor que nos abre los ojos buscando el cielo.

# Spring Song

Because sometimes heaven is enough proof in itself,
an infirm angel who calls us, the rain in the street.
It is the blow that claws at our face, that throws us;
it is the force behind fear: the dog that barks all night.

Because it happens, at times, that heaven doesn't exist,
it's just a memory, crying's necessary reference.
And it is then that the city becomes a long lament,
a woman who kisses our neck and cuts off our sex
like an intense, unending twilight.

Because sometimes spring tends to be cold and cruel
like a victim's broken eyes,
like that heavy breath of forgotten women.

But death can be something else:
spending the whole night waiting for the midday heat,
the desire that makes us hate even the remotest part of our body,
hunger, the pain that opens our eyes searching for heaven.

# Sin título IV

Sé que me está viendo desde el infierno de sus ojos,
que su fino puñal atraviesa todos los días mi corazón,
y que afuera, detrás de la puerta, me espera con su
    terrible desnudez.
Sé también que puedo reconocerla en las manos apretadas
    del demente,
en la voz de la vieja prostituta que se empeña en ser hermosa;
en esa muchacha turbada por el ángel del deseo.
A veces la descubro en el rostro iluminado de la noche,
en el vaso con agua que el hombre se lleva a la boca,
en el disparo; en el cuerpo que cae en medio de la calle.
Pero ahora sé que se tiende en el hueco de mi cama,
que es quien cuida de la tranquilidad de mis sueños,
quien prepara el desayuno y me despide en la puerta
    con un beso.

# Untitled IV

I know that she's watching me from the inferno of her eyes,
that her slender dagger pierces my heart every day,
and that outside, behind the door, she waits for me with her
    terrible nakedness.
I also know that I can recognize her in the clenched fists of
    the madman,
in the voice of the old prostitute still bent on being beautiful;
in that girl shaken up by the angel of desire.
Sometimes I discover her in night's illuminated face,
in the glass of water the man raises to his lips,
in the gunshot; in the body falling in the middle of the street.
But now I know that she's stretched out in the hollow of my bed,
she's the one who watches over the tranquility of my dreams,
preparing my breakfast and sending me off at the door
    with a kiss.

**Brujas**

*a Susana Pagliettini*

*¡Hace siglos que Brujas está muerta!*
María Enriqueta Camarillo

De la tormenta es el aire que llega a puerto,
el olor a pobreza, el frío de invierno.
Y del aire es esta ciudad, este grito contenido.
Brujas es el puerto que no existe, la mentira primera,
el sol de media tarde.
Es apenas un recuerdo con sabor a tabaco
donde los viejos jubilados se dan cita,
se reúnen a charlar, a fumar, y a tomarse el vaso de cerveza
    de las tres de la tarde.
(Los viejos jubilados fueron jóvenes amantes, hermosos marineros,
insaciables comerciantes y mezquinos funcionarios;
fueron todo aquello que no son, todo aquello
    que desprecian.)
Pero Brujas no es una ciudad de viejos como Bristol o La Jolla,
no es una ciudad donde la arena se vuelva huella de la muerte.
Brujas es, como ya se dijo, una mentira frente a un mar inexistente.
Es domingo, y ni siquiera las gaviotas se ven por las calles,
ni una sola muchacha de trenzas amarillas me espera frente
    a su ventana,
nadie ha levantado el periódico que, en el porche, el viento
    comienza a deshojar.
Es domingo, y solamente un grupo de muchachos camina por el
    muelle bajo el peso de la abulia y el cansancio.
Brujas, como todo puerto, es un trozo de madera podrido
    por el tiempo,
una embarcación fantasma que nadie ha visto,
la maldición que venció al guerrero, la hierba que cubre
    tu cuerpo.

# Bruges

*for Susana Pagliettini*

*Bruges has been dead for centuries!*
MARÍA ENRIQUETA CAMARILLO

The air that arrives at the port comes from the storm,
the smell of poverty, winter's cold.
And this city arrives from the air, this restrained shout.
Bruges is a port that doesn't exist, the first lie,
the midafternoon sun.
It is nothing but a memory with the flavor of tobacco
where old, retired people meet,
getting together to chat, to smoke, and to drink their three-o'-
    clock beer.
(Old, retired people were once young lovers, beautiful sailors,
insatiable merchants and petty bureaucrats;
they were everything that they are not, everything that they look
    down upon.)
But Bruges isn't an old people's city like Bristol or La Jolla,
it isn't a city in which sand becomes death's footprint.
Bruges, as already mentioned, is a lie facing a nonexistent sea.
It's Sunday, and not even the seagulls can be seen in the streets,
not even one yellow-braided girl waits for me
    at her window,
no one has picked up the newspaper that the wind begins to
    scatter on the porch.
It's Sunday, and a lone group of young boys walks down the pier
    under the weight of boredom and fatigue.
Bruges, like any port, is a piece of wood rotted
    by time,
a ghost ship no one has seen,
the damnation that conquered the warrior; the grass that covers
    your body.

## Elegía frente al mar

*a Genaro Saúl Reyes*

Bajo esta soledad he construido mi casa,
he llenado mis noches con la rabia del océano
y me he puesto a contar las heridas de mi cuerpo.
En esta casa de cuartos vacíos
donde las palomas son apenas un recuerdo
contemplo el cadáver de mis días,
la ruina polvorienta de mis sueños.
Fui el náufrago que imaginó llegar a tierra,
el homicida que esperó la presencia de la víctima;
la víctima que nunca conoció al verdugo.
Este día el remordimiento crece,
es la sombra que cubre las paredes de la casa,
el silencio agudo que perfora mis oídos.
Este día soy la sucia mañana que lo cubre todo,
el mar encabritado que inunda la sonrisa de los niños,
el hombre de la playa que camina contra el viento.
Soy el miedo que perfora el cuerpo de la tarde,
el llanto de las mujeres que alimentaron mi deseo,
aquél que no vuelve la mirada atrás para encontrarse.
No sacudo el árbol para que la desesperación caiga,
para que el fruto ya maduro se pudra entre mis piernas
y el grito surja a romper la calma de la muerte.
No, me quedo sentado a contemplar la noche,
a esperar los fantasmas que pueblan mi vida,
a cerrar las puertas, a clausurar las ventanas.
Me quedo en esta casa de habitaciones vacías.

# Elegy Facing The Sea

*for Genaro Saúl Reyes*

Under this loneliness I have built my house,
filling my nights with the ocean's fury,
and I have set about counting my body's wounds.
In this house of empty rooms
where doves are but a memory
I contemplate the corpse of my days,
the dusty ruin of my dreams.
I was the shipwrecked sailor who imagined reaching land,
the murderer who waited for the arrival of his victim;
the victim who never knew their killer.
Today remorse grows,
it is the shadow that covers the walls of the house,
the sharp silence that perforates my ears.
Today I am the filthy morning that covers everything,
the angry sea that drowns the children's smiles,
the man from the beach who walks against the wind.
I am the fear that perforates the afternoon's body,
the wailing of the women who fed my desire,
the one who doesn't look back to find himself.
I don't shake the tree to make desperation fall,
so that the already ripened fruit goes bad between my legs
and a shout bursts forth to break death's calm.
No, I remain seated contemplating the night,
waiting for the ghosts that fill my life,
closing the doors, shutting the windows.
I remain in this house of empty rooms.

## Canción de noviembre

*a Minerva Margarita*

Noviembre no es el mes más cruel -al menos no lo dijo Eliot-;
no está escrito que lo sea.
Noviembre es el mes del mar, el mes de las tormentas,
es cuando el cielo baja y nos besa el cuerpo,
cuando acudimos callados a contemplar la noche,
cuando ya no esperamos que la fruta caiga
y la esperanza es un fantasma apenas.

Durante las noches de noviembre una mujer se pasea sola
      frente al mar;
pasea la ira de sus días, su inmenso rencor.

El mar entonces es una furia que se desparrama,
un golpe bajo a mitad de la madrugada,
un despertar de pronto cuando la soledad nos desgarra el pecho
y el llanto es sólo un cuchillo, una pistola que duerme
      bajo la almohada.
Pero noviembre no es el mes más cruel -no lo dijo Eliot-,
no está escrito.
Noviembre sólo es el mes que anticipa la llegada del invierno.

# November's Song

*Minerva Margarita*

November isn't the cruelest month -at least Eliot didn't say it-;
it isn't written that it should be.
November is the month of the sea, the month of storms,
when the sky falls and kisses our body,
when we quietly come to contemplate the night,
when we are no longer waiting for the fruit to fall
and hope is merely a ghost.

On November nights a lone woman walks along
    the seashore;
she parades the wrath of her days, her immense bitterness.

Then the sea is a fury that spreads,
a low blow in the middle of the early morning,
a rude awakening when loneliness rips at our chest
and weeping is but a knife, a pistol that sleeps under
    the pillow.
But November isn't the cruelest month -Eliot didn't say it-;
it isn't written.
November is merely the month that anticipates winter's arrival.

## Mis abuelos

*a mis padres*

De madrugada platico con los muertos de mi familia,
con mi abuelo pulcramente vestido en su despacho
viendo su ventana que nunca estuvo frente al mar;
platico con la abuela, con sus tardes y lecturas,
sus castillos encantados y sus príncipes hermosos;
platico con ella frente a una iglesia que todavía existe.
De madrugada Tecate es una casa inmensa, un laberinto,
    un parque público,
los ojos de un niño, mordido por el miedo, que no me reconocen.
De madrugada Tecate es un reptil oscuro que
    me sale al paso,
un ángel con la mirada dura, una mujer vencida: el viento.
Platico con mi abuelo y su dureza alcanza los márgenes
    del llanto,
me alcanza en el juego de pelota cuando ni siquiera llego a
    la primera base,
cuando me quedo callado conteniendo las lágrimas,
    escuchándolo, odiándolo;
pero ahí está la abuela con su ternura bordada
    al vestido,
con sus sueños de muchacha quebrados contra el muro,
con su beso apasionado que me da por las tardes cuando
    el abuelo duerme.
Tecate vuelve a ser entonces un solar que se mira
    por la ventana,
la historia de aquel adolescente que se fue y jamás volvió.
Tecate vuelve a ser un borracho que se queda dormido en
    la avenida Juárez.
De madrugada platico con mis abuelos, o mejor dicho,
    ellos platican entre sí.

# My Grandparents

*for my parents*

In the early morning I chat with my dead family members,
with my grandfather neatly dressed in his office
watching his window that never faced the sea;
I chat with grandmother, with her afternoons and readings,
her enchanted castles and handsome princes;
I chat with her in front of a church that still exists.
In the early morning Tecate is an immense house, a labyrinth, a
    public park,
the eyes of a child, bitten by fear, that don't recognize me.
In the early morning Tecate is a dark reptile that darts out in
    front of me,
an angel with a fixed stare, a woman overcome: the wind.
I chat with my grandfather, and his toughness almost brings me
    to tears,
he tags me out before I can even make it to
    first base,
while I remain quiet holding back my tears, listening to him,
    hating him;
but there is grandmother with her tenderness embroidered into
    her dress,
with her girlhood dreams splattered against the wall,
with her impassioned kiss she gives me in the afternoon while
    grandfather sleeps.
Once again Tecate becomes a backyard that one watches from
    the window,
the story of that young boy who left and never came back.
Tecate again becomes a drunk who falls asleep on Juarez
    Avenue.
In the early morning I chat with my grandparents, or rather,
    they chat between themselves.

# Tijuana

*a Roberto Castillo Udiarte*

Esta ciudad nos duele como una espina en la garganta,
como el hombre que pasa con el miedo dibujado en el rostro.
Nos duele como el amor y sus ejércitos,
como los ángeles irremediablemente perdidos.
Es la mujer que nos desnuda frente al mar,
la lluvia de marzo y las dos tormentas del verano,
el golpe que nos hace abrir los ojos; el beso que nos cierra los labios.
Es el monumento de la infamia y del rencor,
el perro que nos asustaba cuando volvíamos del colegio,
el mismo que a veces vemos en la mirada del hombre más próximo.
Esta ciudad se levanta sobre el sudor y los sueños
       de nuestros padres,
sobre el cuerpo violado de la muchacha y la mano siempre
       dispuesta del asesino.
Crece como el odio, como el polvo y la rabia,
como un mar encabronado que se te escapa de las manos.
Es la mujer que pasó sin verte,
       la que no te recuerda,
ésa que constantemente disfrazas; pero a quien siempre
       le escribes tus versos.

# Tijuana

*for Roberto Castillo Udiarte*

This city wounds us like a fishbone stuck in our throats,
like the man passing by with fear written all over his face.
She wounds us like love and her armies,
like hopelessly lost angels.
She's the woman who strips us naked at the shore,
the rains of March and the summer's two storms,
the slap forcing our eyes open; the kiss that closes our lips.
She's infamy and rancor's monument,
the dog that frightened us on the way home from school,
the one we sometimes see in the stare of the man right beside us.
This town is built upon the sweat and dreams
      of our parents,
upon a girl's raped body and the murderer's hand always
      at the ready.
She grows like hate, like dust and rage,
like an angry sea that slips through your fingers.
She's the woman who walked right by without seeing you,
      the one who doesn't remember you,
the woman you always disguise, but for whom you always write
      your verses.

## Declaración

De nuevo el ruido del mar llega a mi ventana.
Estoy otra vez a merced de tus sirenas y
      tus gaviotas hambrientas,
estoy en una ciudad que no tiene mar, que no tiene puerto alguno,
sin embargo, eres tú el que llama a mi puerta y humedece
      la tarde,
el mismo de hace diez años, el de la playa brumosa
      en California.
Estás aquí,
te sientas a conversar de tus marinos, de tus muchachas
      de ojos claros;
la tarde, de pronto, tiene un olor a sal y viento de octubre.
Estás de nuevo frente a mí con tu seriedad de viejo conocido,
estás para tomarte el vaso de aguardiente y fumar de tu tabaco;
la tarde se pierde para dar paso a la noche de la tormenta,
de los muchachos tristes, de horas aburridas en el patio de
      otra casa.
Has llegado a esta ciudad que no te pertenece,
a este desierto en llamas que nada tiene que ver contigo;
pero si no fuera por estas tardes, por tus visitas nocturnas,
qué dura sería la vida –esta ciudad– que tampoco a mí
      me pertenece.

## Declaration

Once again, the sound of the sea reaches my window.
I am again at the mercy of your sirens and
    hungry seagulls,
in a town that has no sea, no port;
nevertheless, you are the one who knocks at my door and
    moistens the afternoon,
the same one from ten years ago, from the foggy beach in
    California.
You are here,
you sit to talk of your sailors, your
    light-eyed girls;
suddenly, the afternoon smells of October's salt and wind.
You face me again with the seriousness of an old acquaintance,
you're here to drink a glass of liquor and to smoke your tobacco;
the afternoon gives way to the night's storm,
of sad young boys, of boring hours spent on another house's
    patio.
You have come to this city that doesn't belong to you,
to this desert in flames that has nothing to do with you;
but if it weren't for these afternoons, for your nocturnal visits,
how hard life would be –this town– that doesn't belong to me
    either.

## Balada del sonámbulo

*a Pepe Zaragoza*

*Quiero dormir el sueño de las manzanas*
Federico García Lorca

Ahora que el pétalo más frágil marca la densidad de la noche
y que la muchacha de labios dorados ha cerrado los ojos,
me paro frente a la ventana con una manzana en la mano,
con una rosa de humo que se instala sobre mis párpados.
En vano trato de descubrir el rostro del arquero divino,
la flecha que tensa el arco en espera de su víctima;
en vano trato de descubrir la perfección de ese cuerpo
      que busca su punta,
que desesperadamente busca el rosal hambriento de su muerte.
Por eso estoy rodeado de alacranes de mirada hosca,
de serpientes enemigas que invaden mi casa;
por eso estoy aquí para anunciar el paso de la noche,
la furia de los ángeles y el llanto de los adolescentes.
Estoy aquí librando la batalla de los sueños perdidos,
recorriendo la luz mortecina de las muchachas cansadas,
anidando palomas en sus cumbres más altas,
coronando sus cabezas con el vuelo violento del azor.
No distingo estandartes que hablen de victoria alguna,
sólo veo la sombra del arquero y su flecha que atraviesa
      los corazones,
la rabia voraz de los lebreles y el disparo que anuncia
      la embestida;
sólo veo el gesto indiferente del mar y la roca del naufragio,
y ese hombre que se pierde entre las sábanas del alba.
Por eso invoco la presencia de los danzantes de ojos velados,
la ciega luz de sus cuerpos para rasgar la dura carne del deseo,

## Sleepwalker's Ballad

*for Pepe Zaragoza*

*I want to sleep the sleep of the apples*
FEDERICO GARCÍA LORCA

Now that the most fragile petal marks the thickness of the night
and the golden-lipped girl has shut her eyes,
I stand before the window with an apple in my hand,
with a smoke rose that settles above my eyelids.
In vain I attempt to discover the divine archer's face,
the arrow that tautens the bow waiting for its victim;
in vain I attempt to discover the perfection of that body that
    searches for its tip,
that desperately seeks the hungry rosebush of its death.
This is why I am surrounded by sullen-faced scorpions,
by enemy serpents that invade my house;
this is why I am here to announce the night's passing,
the angels' fury and the adolescents' cry.
I am here waging the battle of lost dreams,
roving through the dim light of the fatigued young girls,
nesting doves on their highest peaks,
crowning their heads with the goshawk's violent flight.
I don't recognize standards that speak of any victory,
I see only the archer's shadow and his heart-piercing
    arrow,
the ravenous rage of greyhounds and the shot that announces
    the attack;
I see only the indifferent gesture of the sea and the shipwreck's rock,
and that man who gets lost between the sheets of the dawn.
This is why I invoke the presence of the veiled-eyed dancers,
the blind light of their bodies to rip the hard flesh of desire,

para soñar otra vez el sueño de las manzanas, el ritmo lento
 de los claveles.
Por eso estoy frente a ti con una manzana en la mano, y el sexo
 en la otra.

to once again dream the dream of the apples, the slow rhythm of carnations.
This is why I stand before you with an apple in one hand, and my sex in the other.

## Rosarito – Tijuana

Ahora que la noche ha pasado en su descenso,
que los botes han dejado de ser fantasmas de alas blancas,
me reclino sobre la arena, me tiendo sobre la luz mortecina
    del alba.
Atrás ha quedado el muchacho de mirada dulce,
el tigre que acechaba desde la raíz de su deseo;
apenas se reconoce el cuerpo de la mujer,
su pelo cubierto por la arena y el olvido.
(Alguien silba una canción que se pierde en el silencio de
    la madrugada.)
Los muchachos toda la noche, frente al mar, jugaron a ser
    náufragos,
ángeles castrados por la rabia de sus padres.
Ahora las gaviotas sobrevuelan esta playa,
esta tierra de sargazos que aparece y desaparece.
Durante la noche construimos ciudades inmensas,
castillos derruidos por el llanto de la mañana;
fuimos los guerreros, los hombres altos de la noche.
En ese amanecer los ángeles bajaron con sus armas preparadas,
con sus túnicas rasgadas por el viento de la guerra;
después volvimos sobre nuestras huellas,
amortajamos el dolor de los caídos
y nos sentamos a contemplar la danza de los muertos.
Supimos de la ira del mar sobre los cuerpos desnudos,
del canto de las sirenas y su infinita tristeza;
fuimos los testigos de todos los naufragios,
la piedra de sal en medio del desierto.
Bajo la noche, callados, bebimos de nuestra cerveza,
desnudamos el cuerpo frío de la luna y entregamos el sexo;
el cielo fue una caricia que nadie contestó.

## Rosarito – Tijuana

Now that the night has passed us in its descent,
and the boats have stopped being white-winged ghosts,
I recline on the sand, stretching myself over dawn's
    dim light.
The boy with the sweet gaze has remained behind,
the tiger who lurks from the root of his desire;
the woman's body is barely recognizable,
her hair covered with sand and forgetfulness.
(Someone whistles a song that is lost in the early morning
    silence.)
All night long the boys, facing the sea, pretended to be
    shipwrecked,
angels castrated by their parent's wrath.
Seagulls glide over the beach now,
this sargasso land that appears and disappears.
We constructed huge cities during the night,
castles knocked down by the morning's tears;
we were the warriors, the tall men of the night.
In that dawn the angels descended with their weapons ready,
with their cloaks ripped by the winds of war;
we then retraced our tracks,
shrouding the pain of the fallen,
and we sat down to contemplate the dance of the dead.
We learned of the sea's rage over our naked bodies,
of the sirens' songs and their infinite sadness;
we were witnesses to all the shipwrecks,
the salt stone in the middle of the desert.
Under the night, quiet, we drank our beer,
we undressed the moon's cold body and gave each other sex;
heaven was a caress that no one answered.

Así, hemos amanecido bajo el peso de las estatuas mutiladas,
hemos sido la carroña que apesta los muladares de la playa,
el hombre muerto que devoran las gaviotas.
Pero también hemos sido la inmensidad que acompaña
      al hombre solo,
la última lata de cerveza, todavía de madrugada,
y este amanecer que descubre tu cuerpo a la orilla de la carretera.

Thus, we have awakened under the weight of mutilated statues,
we have been the carrion that stinks up the trash piles on the beach,
the dead man the seagulls are devouring.
But we have also been the immensity that accompanies
> the lone man,
the final can of beer, still in the early morning,
and this dawn that finds your body by the side of the road.

# Instantáneas

# Snapshots

Entre las ramas verdes de los olivos el ángel
    del silencio pasa
como un fogonazo que anuncia la primera víctima de la tarde.
La noche contempla la sangre sobre la hierba, el rastro mortal
    de la presa,
y un niño de ojos redondos conoce el miedo, el duro vuelo
    del ángel que se pierde en la madrugada.

The angel of silence wanders among the green branches
    of the olive trees
like an explosion announcing the afternoon's first victim.
The night contemplates the blood on the grass, the mortal trail
    of the prey,
and a round-eyed child comes to know fear, the hard flight
    of the angel lost in the early morning.

Tras la escarcha y la ventisca de enero la casa se sostiene,
sus pobres cortinas protegen la oscuridad de otro tiempo,
    de otro invierno.
Nadie la habita ya salvo la ruina y la polilla, sólo queda
la presencia de unos pasos y el doloroso crujir
    de la madera,
y a veces, muy pocas veces, la figura de mi abuela ofreciéndome
    sus brazos.

The house holds up through the frost and January's snowstorm,
its poor curtains protect the darkness of another time, of
    another winter past.
No one lives in the house anymore except moth and ruin,
all that remains is the presence of a few footsteps and the painful
    creaking of wood,
and at times, very seldom, the figure of my grandmother
    stretching out her arms to me.

La lluvia ha terminado su festín de sombras.
Sólo quedan las paredes de rostro deslavado,
las ventanas cerradas y los charcos en la calle;
queda esta ciudad vacía como un homenaje a tu recuerdo.

The rain has finished its banquet of shadows.
All that remain are walls with unwashed faces,
shuttered windows and puddles in the street;
only this empty city remains like an homage to your memory.

He visto a la corneja volar siete veces sobre mi cabeza
y al caballo de la bruja merodear las fronteras del reino.
Mi sueño se ha poblado de serpientes y dragones,
he descubierto que me engañas con el mejor de mis espadas.
Ahora sé que la batalla no será en Worms ni en Winchester,
    como se había anunciado,
sino aquí, en los jardines de mi casa, en los pasillos,
en la terrible oscuridad de mi alcoba.

I have seen the crow flying over my head seven times
and the witch's horse plundering the kingdom's borders.
My sleep has been filled with serpents and dragons,
I have discovered that you are unfaithful with the best of my swords.
I now know that the battle will not be at Worms nor at
      Winchester, as had been announced,
but here, in the gardens of my house, in the hallways,
in the terrible darkness of my room.

En esta plaza de luces mortecinas
donde pasean los enamorados,
hubo una batalla de príncipes y héroes,
de astillas que volaron, de yelmos y escudos hendidos;
hubo un encuentro propicio para el canto de la muerte.
De todo eso hoy queda: un tibio otoño,
un hombre que lee el periódico,
y una muchacha hermosa que se retoca los labios.

In this plaza of fading lights
where lovers pass by,
there was a battle of princes and heroes,
spears that flew, helmets and shields bent;
there was a meeting worthy of the song of death.
Today, of all that but this remains: a lukewarm autumn,
a man reading a newspaper,
and a beautiful girl retouching her lips.

# Historia

# History

## I
Vuelves a caminar por la tierra que te sintió de niña,
por ese camino de árboles que sembró tu padre,
mañana a mañana, día con día.
Vuelves a ver esa casa que fue tu casa y
    fue tu cuarto;

*no es invierno, pero aunque lo fuera, ya no nevaría como antes.*

Hoy recorres el potrero de enfrente, pero lo que ves es un viñedo
    inmenso,
una casa grande, y a tu madre podando los rosales
    del jardín;
ves un par de gansos pelear por la comida,
un hombre que es mi abuelo, y también es tu padre;
después oyes el ladrar de los perros y todo te parece
    tan cercano,
todo te parece tan alto, tan verde y tan vivo.
Sabes que tu padre escribe una solicitud pensando en
    la vinatería que está por abrir,
sabes de tu madre y su infinita dulzura.
Alguien te llama a comer...

*El invierno sólo heló unas cuantas matas, y eso*
    *porque no se prendieron las hogueras a tiempo.*

I
Once again you walk the land that felt your footsteps as a girl,
along the path of trees your father planted,
morning after morning, day by day.
Once again you see that house that was your house and was
 your room;

*it isn't winter, and even if it were, it wouldn't snow the way it used to.*

Today you run through the field out front, but what you see is an
 immense vineyard,
a large house, and your mother pruning the rosebushes
 in the garden;
you see a pair of geese fighting over food,
a man who is my grandfather, and also your father;
afterward you hear the dogs barking and everything seems
 close to you,
everything seems so tall, so green, and so alive.
You know that your father is filling out an application thinking
 about the winery that he is about to open,
you know about your mother and her infinite sweetness.
Somebody's calling you to come and eat...

*Winter only froze a few plants, just because the bonfires*
 *weren't lit on time.*

Te gusta ver las llamas incendiando la noche, pero no el olor
 a llanta quemada.
Caminas de la mano de Lucha.
Te agrada bajar los cerros a plena carrera cuidando de no
 estropear tu vestido,
el vestido que tu madre te compró en San Diego para ir
 el domingo a la iglesia.
Pero ahora corres y no hay quien te detenga,
corres en busca de tu padre, de los dulces que te da después de
 la comida.
El invierno también te gusta, pero sólo para verlo a través
 de la ventana,
y las tardes pasan en el sofá de la casa,
pasan en el porche de la casa,
en el jardín de la casa;
y es que a ti no te gusta el polvo ni el olor a gallinero;
 sin embargo,
las tardes también pasan limpiando y seleccionando huevo.
Mañana irá tu padre a entregar las cajas,
 y por la tarde,
pasará a Tecate a tomar café con sus amigos.
Y Tecate te gusta porque tiene cine, pero tú no
 vas al cine.
Tecate te gusta porque tiene restorán, pero tú vas muy poco
 al Café Oriental.
Tecate te gusta porque tiene salón de baile,
 pero tú nunca has bailado.

You like to see the flames lighting up the night, but not the smell
 of burnt tires.
You walk holding Lucha's hand.
You like to run down the hills at full speed trying not to spoil
 your dress,
the dress your mom bought for you in San Diego to go to church
 on Sunday.
But now you run and nobody can hold you back,
you run searching for your father, for the candy he gives you
 after dinner.
You also like winter, but only to watch it through
 the window,
and afternoons go by in the house on the couch,
on the porch,
in the garden;
and it's that you neither like dust nor the smell of the henhouse; nevertheless,
you spend the afternoons cleaning and picking out eggs.
Tomorrow your father will go to deliver the crates, and in the
 afternoon, he will go to
Tecate to drink coffee with his friends.
And you like Tecate because it has a movie theater, but you don't
 go to the movies.
You like Tecate because it has a restaurant, but you seldom go to
 the Café Oriental.
You like Tecate because it has a dance hall,
 but you've never danced.

Son las ocho, y tu padre enciende la planta de luz,
son las ocho y la mesa está servida;
tu padre, desde la cabecera, te mira fijamente,
tu madre cuida que todo esté listo, y tú la vigilas a ella,
a sus manos blancas y a sus ojos tristes.
La luz está encendida, la noche, afuera, es muy negra,
      pero tú no tienes miedo.
Te gusta el olor de la casa cuando tu madre cocina,
y su sonrisa cuando le ganas el juego, porque sabes que
      su atención siempre estuvo en ti y en tus trenzas negras.

El viento sacude las ramas de los olivos, y una lechuza vuela,
y tú la ves y te olvidas de todo,
te olvidas del abuelo y de la abuela,
te olvidas de la niña que ve volar a la lechuza,
de esa niña que, también un día, se olvidó de ti.

It's eight o'clock and your father turns on the generator,
it's eight o'clock and the table is set;
your father, from the head of the table, watches you with a fixed gaze,
your mother makes sure everything is ready, and you watch her,
her white hands and her sad eyes.
The light is turned on, the night outside is very dark,
      but you are not afraid.
You like the smell of the house when your mother cooks,
and her smile when you beat her at the game, because you know that
      she was always paying attention to you and your black braids.

The olive branches sway in the wind, and a screech owl flies,
and you see her and forget everything,
you forget about grandfather and grandmother,
you forget about the girl who watches the screech owl fly,
that girl who, one day, forgot about you as well.

II

Esa mañana cambiaste las rosas del florero,
abriste la ventana para que un viento, que tan sólo tú conocías,
    tocara tu cuerpo,
hinchara las cortinas de tu cuarto e izara las banderas de tus ojos.
Octubre descansaba sobre los geranios y claveles,
yo para entonces todavía no tomaba posesión de tus reinos,
era tan sólo un sueño que olvidabas al caer la noche,
una sombra apenas en la medialuna de tu armario.
Esa mañana tu madre se levantó tarde,
tú saliste a recorrer los olivares,
a perderte entre la niebla que tanto fastidiaba a tu padre,
pero que tú aguardabas noche tras noche, sueño tras sueño,
esperabas con esa calma oscura
que tu cuerpo cada vez menos soportaba.
El llanto frío de los ángeles hizo brotar flores en tu cabello,
la brisa era un adolescente que te tomaba de la mano,
que te hablaba sin que lo pudieras entender, sin
    que lo pudieras escuchar;
más tarde, los olivos habían desaparecido,
y yo te veía cruzar las calles
    de la mano de mi abuela,
caminar con una sonrisa que jamás te volví a ver.

## II

That morning you changed the roses in the flower vase,
you opened the window so that a wind, that only you knew,
    would touch your body,
billow the curtains in your room and hoist the flags of your eyes.
October rested over the geraniums and carnations,
I, at that time, still hadn't taken possession of your kingdoms,
I was just a dream you forgot come nightfall,
a mere shadow on your wardrobe's half moon.
That morning your mother woke up late,
you went out to run through the olive groves,
to lose yourself in the fog that bothered your father so much,
but that you waited for night after night, dream after dream,
you waited with that dark calm
that your body could stand less and less.
The cold cries of the angels made flowers bloom in your hair,
the breeze was a young boy who took you by the hand,
who talked to you without you being able to understand him,
    without you being able to hear him;
later, the olive trees had disappeared,
and I would watch you cross the streets holding my
    grandmother's hand,
walking with a smile that I never saw on your face again.

Era octubre en 1951,
y Tecate era otro.

A eso de las once regresaste de los olivares,
la niebla ya se había levantado del todo,
y tu madre conversaba con alguien que no quisiste ver.
Yo te esperaba en la terraza, sentado, jugando con
        tus recuerdos,
componiendo el color de tus ojos, la luz de tus manos,
tú pasabas de largo sin verme,
yo te abría la puerta de la casa
y por las noches cepillaba tu cabello.
Te quedabas quieta, callada, mirando la ventana,
viendo las rosas del jardín, las últimas del año,
las que no cortarían mañana por la mañana,
las que se quedarían solas, mustias, aguardando la llegada
        del invierno,
aguardando ese diciembre que también a ti te alcanzaría.

It was October 1951,
and Tecate was another place.

Around eleven you came back from the olive groves,
the fog had already risen from all around,
and your mother was talking with someone you refused to see.
I was waiting for you on the terrace, seated, playing with your
    memories,
composing the color of your eyes, the brilliance of your hands,
you passed by without seeing me,
I opened the door of the house for you,
and at night I brushed your hair.
You remained calm, quiet, watching the window,
looking at the roses in the garden, the last ones of the year,
the ones they wouldn't cut tomorrow morning,
the ones that would remain alone, wilted, waiting for winter's
    arrival,
waiting for that December that would also catch up to you.

III

Bajabas el cerro a plena carrera,
bajabas con tus ojos negros y tu pelo negro,
sin embargo, nunca llegaste a la orilla del mar;
tus pasos se detenían frente al potrero,
justo en la cerca que dividía los viñedos de tu padre,
los campos que se llenaban de gente extraña entre septiembre y
    octubre.

Después vinieron las tardes en la terraza y, con ellas, los ángeles
    de los olivares,
las sombras que recorrían tu jardín de un lado a otro,
la tristeza de saberte sola en medio de tu silencio.
También hubo mañanas de neblina espesa,
días en que no se veían los viñedos,
en que los arbustos eran hombres dispuestos a tocar tu cuerpo,
a rasgar la tela fina del aire cuando el invierno se echaba a
    dormir bajo la falda de tu miedo.

De noche tu padre encendía su último cigarrillo,
y tú lo veías desde el sillón oprimiendo las piernas
    con fuerza,
dejándote tocar por el príncipe del cuento que, por la tarde,
    la abuela te había leído;
dejándote acariciar por esas manos que sólo la noche y tú
    conocían.

III

You ran down the hill at top speed,
with your black eyes and black hair,
nevertheless, you never reached the seashore;
your steps would stop in front of the pasture,
right by the fence that separated your father's vineyards,
the fields that filled up with strange people during September
    and October.

The afternoons on the terrace came after, and with them, the
    angels from the olive groves,
the shadows that ran back and forth through your garden,
the sadness of knowing that you were alone amid your silence.
There were also mornings of thick fog,
days you couldn't see the vineyards,
when the bushes were men ready to touch your body,
to tear the air's fine cloth while winter slept under the skirt of
    your fear.

At night your father lit his last cigarette,
and you saw him from the chair pressing forcefully down
    on his legs,
letting yourself be touched by the prince in the story grandmother
    had read to you that afternoon,
letting yourself be caressed by those hands that only you and the
    night knew.

*El invierno sólo heló unas cuantas matas, y eso porque no se prendieron las hogueras a tiempo.*

Pero después de ese invierno ya nunca te vimos correr por
    los viñedos de tu padre,
ya no trataste de llegar a la orilla del mar;
te quedaste quieta, sentada en la terraza, viendo como
    los ángeles danzaban entre los olivares.

*Winter only froze a few plants, just because the bonfires weren't lit on time.*

But after that winter we never saw you run through your father's vineyards,
you didn't try to reach the seashore anymore;
you remained quiet, seated on the terrace, watching the angels dance among the olive groves.

IV

Ese domingo te llevaron a Long Beach,
ese día, sin necesidad de bajar por la vereda, llegaste al mar.

Alguien habló de la primavera, y tu recogiste un caracol,
    una huella de su paso.
El mediodía te sorprendió caminando por la playa,
descubriendo tus doce años a cada paso que dabas.

*Un día le pediste a Emilia que te llevara al mar,*
*que con su deseo te construyera una playa y un verano;*
*pero su playa fue un departamento en la veinticuatro y Washington,*
*una mirada tierna,*
*un olor a viejo en aquel otoño largo de flores amarillas,*
*de recuerdos suspendidos entre tu cuerpo y el viento.*

Eran frías las mañanas en Saint Mary Grammar School, pero
    a ti te gustaba levantarte temprano,
recorrer los jardines y sentarte frente a la fuente;
entonces, acompañada por los pájaros, veías a tu madre llorar
    por las noches,
acercarse a tu cama y murmurar algo que
    jamás entendiste,
oías a mi abuelo llamar a su perro, silbarle con la ternura de
    un hombre que se sabe solo;
y querías a tu padre, y le escribías cartas larguísimas,
le contabas del mar, de la tía Chalita y la tía Emilia;
y llorabas,

IV

That Sunday they took you to Long Beach,
that day, without having to go down the path, you arrived at the sea.

Someone mentioned spring, and you picked up a seashell, a
    trace of its presence.
Noon surprised you walking down the beach,
revealing your twelve years with every step that you took.

*One day you asked Emilia to take you to the sea,*
*to build you a beach and a summer with her desire;*
*but her beach was an apartment on 24$^{th}$ and Washington,*
*a tender glance,*
*an aged smell during that long autumn of yellow flowers,*
*of memories floating between your body and the wind.*

The mornings at Saint Mary Grammar School were cold, but
    you liked to get up early,
to wander through the gardens and sit facing the fountain;
then, accompanied by the birds, you would see your mother
    crying at night,
approaching your bed and murmuring something you
    never understood,
you would hear my grandfather call his dog, whistling to him
    with the tenderness of a man who knows he's alone;
and you loved your father, and you wrote him extremely long letters,
telling him about the sea, about aunt Chalita and aunt Emilia;
and you cried,

llorabas mucho por no ver la nieve sobre los viñedos, por no
 saberlo cerca;
y te quedabas ahí, sola, frente a la fuente, sintiendo cómo los
 ángeles pasaban de largo sin apenas tocarte.
Pero las tardes también eran frías en el lado oeste de la ciudad,
y la lluvia, finísima, caía sobre las macetas, sobre
 el pavimento,
sobre la sombra de la mujer que pasaba frente a tu casa.
Ese fue el mar que conociste, el que te acompañó
 siempre,
el que ahora te presento bajo la sombra de tu miedo.

you cried a lot because you didn't see the snow on the vineyard,
    because you knew he wasn't close by;
and you stayed there, alone, facing the fountain, feeling how the
    angels would pass by, without even touching you.
But the afternoons were also cold on the western side of the city,
and the rain, a light drizzle, descended on the flowerpots, on
    the pavement,
on the shadow of a woman who would pass by in front of your house.
That was the sea that you came to know, the sea that was always
    with you,
the one that I now offer you under the shadow of your fear.

V

Tus mañanas de infancia quedaron entre las faldas y blusas del
    colegio,
junto a tus diplomas y medallas de buena conducta.

V

Your childhood mornings remained among your school skirts
    and blouses,
alongside your diplomas and medals for good conduct.

VI

La nieve siguió cayendo sobre los viñedos de tu padre,
sobre su escritorio de caoba y sus lápices holandeses.
Su abrigo faltaba,
había salido a recorrer sus tierras, a defender sus campos.
Desde la ventana del comedor lo viste perderse entre lo blanco,
adivinaste su rostro y sus manos lastimadas.
Después todo quedó en silencio, fijo
como una fotografía.

Alguien lloraba a tus espaldas,
pero la noche fue el miedo que no te dejó volver el rostro.

VI

The snow kept falling on your father's vineyards,
over his mahogany desk and his Dutch pencils.
His raincoat was missing,
he had gone out to check his land, to defend his fields.
From the dining room window, you saw him get lost in the white,
recognizing his face and injured hands.
Afterwards, everything remained silent, fixed
like a photograph.

Someone was crying behind you,
but night was the fear that didn't let you look back.

II

II

Las costas del norte quedaban lejos del lugar de las cortes. No hubo más indicios, sólo el invierno.

The northern coasts were far away from the place of the courts. There weren't any more signs, just winter.

# Jaculatorias

# Orisons

## Las lápidas de las viejas zorras inglesas

Pound hablaba de ciertas zorras que en las praderas
se tropezaban, golpeaban, descalabraban contra las duras
     lápidas.
El aire tensa las cuerdas. En los ríos los cadáveres
de los sabuesos ingleses, serios, a punto de cerrar los ojos.
En las cercanías un joven motociclista acaricia a su pareja,
camino abajo, la villa se difumina en ruidos ahogados,
en pataleos desesperados de cabras elegidas al sacrificio.
Pound, un día, se pasó toda la mañana en una mecedora junto a
     Yeats,
hablaron de poesía, de preceptiva, de pintura y del arte de la cacería.
Hace tiempo ya de eso... El joven de la motocicleta
     remonta;
la pareja yace inmolada sobre la hierba, arriba un pájaro canta.
Entre las lápidas la caída del rocío, la voz de los arcángeles
     aburridos,
sobre las piedras la afilada escarcha, el silencio de los ángeles.
En 1968 la navaja pasó degollando corderos que no estaban elegidos,
cuerpos que fueron tragados por la ceniza, por la espesa humareda
que alborotó el buen humor de los príncipes y ese día salieron
     de cacería,
salieron con sus sabuesos de triste mirada, salieron con ellos
     de punzantes colmillos
a devastar los bosques, las colinas, las praderas; a remover
     las piedras.
Fueron sentándose a comer sobre cadáveres, a rumiar
     el horizonte cercenado.
De esto hablaba Pound cuando se refería a ciertas zorras que en
     las praderas

## The Tombstones Of The Old English Foxes

Pound spoke of certain foxes, who, in the meadows
tripped over, ran into, and injured themselves against the hard
    tombstones.
The air tightens the ropes. In the rivers the cadavers
of the English hounds, staid, about to shut their eyes.
Nearby a young motorcyclist caresses his partner,
down the street, the village lumbers in drowned noises,
in the desperate kicking of goats chosen for sacrifice.
One day, Pound spent the entire morning in a rocking chair next
    to Yeats,
they spoke of poetry, of precepts, painting, and the art of hunting.
It's been a while since then ... The motorcycle-riding young man
    gets back on:
his partner lies immolated on the grass, while a bird sings above.
Among the tombstones the dew falls, the voices of bored
    archangels,
the sharp frost on the rocks, the silence of the angels.
In 1968 the switchblade cut the throats of unchosen sheep,
bodies consumed by ashes in a thick cloud of smoke
that upset the good mood of the princes who went out to hunt
    that day,
going out with their sad-eyed hounds, with their
    sharp fangs
to devastate the forests, the hills, the meadows; to clear away the
    stones.
They were sitting down to eat over cadavers, to ponder the
    vanishing horizon.
This was what Pound talked about when he referred to certain
    foxes, who, in the meadows

se tropezaban, golpeaban, descalabraban contra las duras
    lápidas;
de esto atinó a decir cuando habló de los viejos culos ingleses,
de la barbarie de los descendientes británicos cuando se
    encontró con Yeats.
El viento sopla muy despacio, muy lento sobre la hierba de
    las praderas,
la brisa remueve pasiones que se quedan estáticas por el pánico,
y las zorras filosas persiguen a la liebre, alargan su carrera hasta
    las costas,
donde no se detienen, donde no se paran, donde no rehúyen su
    marcha, donde se pierden de vista.

tripped over, ran into, and injured themselves against the hard tombstones;
he hit it right on the mark when he spoke of the old English asses,
of the barbarity of the British descendants when he got together with Yeats.
The wind blows reluctantly, very slowly over the grass of the meadows,
the breeze stirs up passions that remain frozen by panic,
and the sharp foxes chase after the hare, continuing their hunt all the way to the coast,
where they don't hold back, where they don't stop, where they don't let up their pursuit, where they are lost from sight.

**Croisset, mayo 1853**

Ante la magnificencia de aquel cuadro,
frente a la humedad de aquellos bosques
contuviste la respiración, tu cuerpo no tembló
al arañar en tu deseo aquellos campos resplandecientes,
aquella claridad iridiscente desbordada por tus manos.
La niebla ocultaba tus pasos, el plumaje de tristeza
con que ibas vestido, el velamen oscuro que te cubría
y no daba paso al alba en tus pupilas,
al enfurecido verdugo enamorado que escapaba
        de tu cuerpo.
En la hierba el rastro de escarcha,
el murmullo de los tréboles doblados por sorpresa,
por el peso inaguantable de su sombra florecida.
Decidiste que los ángeles enfermaban y morían,
que a tu lado San Antonio expiraba entre cantos
        incomprensibles
y que un viejo laúd acariciaba el ensueño de tu ira,
enrojecía la pira funeraria de tu orgullo acribillado
por la constante nieve sobre tu cara fresca,
sobre tu bestia fantástica, sobre tu unicornio encarcelado.
Volviste a recordar tus pasos y desapareciste por el río,
por su espeso fluido de caricias rotas y balcones clausurados;
volviste palpando tus armas inertes, calculadoras y frías.
Regresaste a la magnificencia de aquel cuadro
donde algo desaparecía por entre la cerrada niebla
cuando una escalera caía –pesada– sobre un banco de claveles.

## Croisset, May 1853

Before the magnificence of that painting,
facing the humidity of those forests
you held your breath, your body didn't shake
as those resplendent fields scratched your desire,
that iridescent clarity overflowed through your hands.
The fog hid your steps, the plumage of sadness
with which you were dressed, the dark canvas that covered you
and didn't let the dawn through to your eyes,
to the infuriated and enamored executioner who escaped from
      your body.
On the grass the trail of frost,
the murmuring of clovers crushed by surprise,
by the unbearable weight of the blooming shadow.
You decided that the angels were getting sick and dying,
that at your side Saint Anthony was perishing amid
      incomprehensible singing
and that an old lute caressed your rage's illusion,
reddening the funeral pyre of your pride riddled
by the constant snow on your cool face,
on your fantastic beast, on your imprisoned unicorn.
You remembered your steps again and disappeared by the river,
by its thick fluid of broken caresses and shut balconies;
you returned palpating your lifeless, calculating and cold weapons.
You returned to the magnificence of that painting
where something disappeared amid the dense fog
when a ladder fell –heavily– upon a blanket of carnations.

## Los muertos del valle de Issa

Sobre la hierba de enero los caballos galopan,
se confunden con la impaciencia del invierno,
mientras un hombre se recoge a fumar de su tabaco.
Se recoge a esperar detrás de un cristal
empañado por el rostro de su muerte.
En Issa los caballos galopan todo el día
y el invierno es como un trozo de pan,
como una mesa dispuesta a la que nadie asiste.
El invierno en Issa no importa mucho,
nadie se detiene por él;
pero los viejos espían por sus ventanas,
agotan su ración diaria de tabaco
removiendo la ceniza de sus estufas de leña.
Nadie repara en el temblor de sus manos,
en el hueco de sus ojos,
sólo este invierno blanco y sordo
sabe de sus temores,
sólo este viento platica con los árboles y los viejos de Issa,
únicamente el frío da sentido a sus manías y a sus pequeñas
 estupideces.
Afuera, donde este gusto a café y trigo se pierde,
donde el olor a tabaco no existe,
el invierno desata su baile, su fiesta callada por los muertos del
 valle de Issa.

## The Dead From The Valley Of Issa

The horses gallop on January's grass,
confused with winter's impatience,
while a man withdraws to smoke his tobacco.
He withdraws to wait behind a window
made misty by the face of his death.
In Issa the horses gallop all day long,
and winter is like a piece of bread,
like a set table where no one will eat.
Issa's winter doesn't matter much,
no one slows down for it;
but the elderly spy out of their windows
exhausting their daily rations of tobacco
stirring the ashes of their wood-burning stoves.
No one notices their hands shaking,
their empty eye sockets,
only this white and quiet winter
knows their fears,
only this wind talks to the trees and to the old people from Issa,
only the cold gives meaning to their manias and their petty
    foolishness.
Outside, where this taste of coffee and wheat is lost,
where the smell of tobacco doesn't exist
winter lets its dance loose, its party quieted by the dead from the
    Valley of Issa.

## Canción primera

Viejo Ezra Pound, hoy es julio de 1986 e invoco tu nombre,
atrás ha quedado la guerra y sus miserias, la jaula y el pabellón
    de los locos;
atrás quedó el joven marinero que cantara tu amigo en
    magistrales versos,
atrás quedó también el reloj que marcara tus años de insomnio.
Ya no estás en Saint Elizabeth ni en la casa de los locos,
hoy nos miras desde tu asiento en la sala de Hel,
hoy atestiguas la infamia de tu siglo, su pobre valor.
Nada ha quedado de los buenos propósitos, de ese sueño
    largamente acariciado
de fusilar a todos los cretinos, de incinerar con petróleo la
    lengua imbécil de los críticos,
de salvar el rédito de los pobres, de los realmente jodidos.
Hoy ves tu tiempo desde la derrota,
desde la vergüenza de saberte parte de los engañados;
la rosa siempre estuvo en otra parte, y hoy, desde tu buhardilla
    de hombre solo, lo sabes.
Nada ha cambiado, los cadáveres se siguen cosechando al lado
    de las margaritas,
los jóvenes poetas practican la escritura a diario, pero es en
    vano.
Este día, primero de julio, es demasiado tarde para volver a
    Florencia, es demasiado tarde para
    morir en paz,
por eso te quedas entre nosotros, por eso la brújula empieza a
    tener sentido.
En la casa de los locos, querida Elizabeth, ya no queda nadie.
Bajo la borrasca un barco intenta mantenerse a flote, pero ese
    barco de inmensas coronas,

# First Song

Old Ezra Pound, today is July 1986 and I invoke your name,
war and her miseries have remained behind, the cage and
    pavilion of the crazy;
the young sailor of whom your friend would sing in masterful
    verses remained behind,
the clock that kept the time of your years of insomnia also
    remained behind.
You aren't at Saint Elizabeth's or the madhouse anymore,
today you're watching us from your seat in Hel's waiting room,
today you testify to the infamy of your century, its poor value.
Nothing remains of good intentions, of that long harbored
    dream
of shooting all the cretins, of incinerating the imbecile tongues
    of critics with fire and oil,
of saving the interests of the poor, of those really screwed over.
Today you see your time from defeat,
from the shame of knowing you were one of the ones who were
    fooled;
the rose was always somewhere else, and today, from your lone
    man's attic, you know it.
Nothing has changed, the corpses continue to be harvested
    alongside daises,
the young poets practice their writing daily, but it is in vain.
Today, July first, is too late to return to Florence, it's too late to
    die in peace,
this is why you remain among us; this is why the compass begins
    to make sense.
In the madhouse, dear Elizabeth, nobody remains.
In the storm a ship tries to stay afloat, but that ship of immense
    crowns,

de brillante casco, no es otro que el barco de los muertos que
   años atrás cantara
Snorri Sturluson.
Hoy nos miras desde la sala de Hel, asientes y sonríes, viejo
   poeta,
asientes y dormitas, viejo Ezra Pound.

of shining hull, is none other than the ship of the dead that
    Snorri Sturluson sang about
many years before.
Today you watch us from Hel's waiting room, you smile and
    agree, old poet,
you agree and doze, old Ezra Pound.

## En memoria de W. B. Yeats

> *Los instrumentos de que disponemos están de acuerdo*
> *en que el día de su muerte fue un día oscuro y frío*
> W. H. Auden

De madrugada
los caballos relinchan en el campo cubierto por la escarcha.
Los hombres desayunan té y pan de trigo.
El viento como una jauría de lobos bajo el misterio de la luna
mientras Ben Bulben camina silencioso entre las casas de la aldea.
Los perros no lo siguen, sólo los caballos en este amanecer
      de lluvia y lodo,
sólo ellos aguardan bajo la llovizna del invierno.

Tú que recorres estos campos,
que has visto el rostro de la viuda,
el muñón rojo del soldado: reconocerás la historia.
Deja galopar a los caballos,
deja a los hombres confundirse con el sueño.
Ningún amanecer ha sido el mismo:
*toda batalla se gana con la muerte.*

# In Memory Of W. B. Yeats

> *What instruments we have agree*
> *the day of his death was a dark cold day*
> W. H. Auden

In the early morning
the horses neigh in the frost-covered field.
The men breakfast on tea and wheat bread.
Under the mystery of the moon the wind howls like a pack of wolves
while Ben Bulben walks silently among the village houses.
The dogs don't follow him, just the horses on this muddy,
    rainy morning,
they are the only ones who wait under winter's drizzle.

You, running through these fields,
who has seen the widow's face,
a soldier's red stump: you will recognize the story.
Let the horses gallop,
let the men confuse themselves with the dream.
No dawn has been the same:
*all battles are won through death.*

# Homenajes

# Homages

## Don Luis de Góngora, capellán real de Felipe III

*a la memoria de Jorge Guillén*

*Era del año la estación florida*
y el dolor una forma cotidiana de cerrar los ojos,
de irse volviendo sombra, huracán en primavera.
Corría el año de 1627 y en Córdoba los mercaderes
seguían instalando sus mercados, gritando sus baratas;
los viejos juglares mendigaban cantando a sus héroes
mientras las doncellas, en silencio, desataban sus trenzas.
Corría el año de 1627 y el invierno aún estaba lejos,
sin embargo, era la muerte la que sacudía las ramas de los olivares,
eran ella y sus guardianes quienes en verdad vigilaban
      las puertas de Córdoba.
Hacía tiempo que el poeta, y ahora capellán, había regresado de
      la corte,
había vuelto a buscar la casa paterna, las gruesas paredes de su
      soledad,
había soñado en despertar bajo ese cielo, bajo este techo,
en caminar por esas oscuras calles que le dieron color a sus ojos,
      luz a su muerte;
porque la muerte andaba cerca y él lo sabía, sabía del cántaro
      quebrado de la muchacha,
de las manos inútiles del comerciante, de su oro y de su sangre;
sabía que con las lluvias llegaría el ejército blanco de la muerte
y él estaría aguardando, esperando en la terraza como se espera
      la llegada del alba.

## Don Luis De Góngora, Royal Chaplain Of Philip III

*in memory of Jorge Guillén*

*It was the flower season of the year*
and pain was a daily form of closing one's eyes,
of turning into shadow, hurricane in spring.
It was 1627 and in Cordova the merchants
continued to put up their markets, hawking their wares;
the old begging minstrels sang of their heroes
while the young maidens, in silence, let down their braids.
It was 1627 and winter was still far off,
nevertheless, it was death who shook the olive branches,
she and her guardians who truly watched over the gates of
    Cordova.
It had been a while since the poet, now chaplain, had come back
    from the court,
a while since he had come back to search for his paternal home,
    the thick walls of its loneliness,
a while since he had dreamed of awakening under that sky, this roof,
of walking down those dark streets that gave color to his eyes,
    shone light on his death;
because death wandered nearby and he knew it, he knew of the
    girl's broken jar,
of the useless hands of the merchant, of his gold and his blood;
he knew that with the rains would come death's white army,
and he would be waiting, waiting on the terrace as one waits for
    the dawn.

Corría el año de 1627 y el verano estaba cerca;
Córdoba era ya una ciudad lejana, una derrota,
la historia de un hombre viejo que se preparaba a morir.
Durante el otoño descubrió el cuerpo desnudo de los hombres,
el silencio de la tarde y el reflejo de la muerte;
descubrió que el *ángel fieramente humano* sólo era el polvo que
    el viento dispersaba,
la ceniza que le manchaba las ropas, el dolor en su costado.

Corría el año de 1627. Y en Córdoba los cirios comenzaban a
    encenderse.

It was 1627 and summer was near;
Cordova was now a far-off city, a defeat,
the story of an old man preparing for his death.
In the autumn he discovered the naked bodies of men,
afternoon's silence and death's reflection;
he discovered the *fiercely human angel* was only dust that the
    wind dispersed,
the ash that soiled his clothes, the pain at his side.

It was 1627. And in Cordova, they began lighting the wax
    candles.

## Salutación de invierno

*a Marco Antonio Campos*

En el bosque de Camaloc los pájaros no cantan,
los árboles son guerreros muertos, hombres olvidados,
y en el viento no se oye otra cosa que el choque de las espadas.
Hoy en Camaloc el invierno es un guantelete que azota tu rostro,
una batalla inevitable que la sabes ya perdida,
la ausencia de tu Señor y el arrepentimiento de Ginebra.
Hoy caminas sobre la nieve en el camino a Winchester,
sobre los cadáveres, la ruina, el amor y la guerra.
Caminas -en un invierno que duele- sobre la historia de
    esta tierra.

## Winter's Greeting

*for Marco Antonio Campos*

In the forest of Camelot the birds don't sing,
the trees are dead warriors, forgotten men,
and all that is heard is the clashing of swords in the wind.
Today in Camelot winter is a gauntlet that lashes your face,
an unavoidable battle that you know is already lost,
the absence of your Lord and Guinevere's repentance.
Today you walk upon the snow on the way to Winchester
over the cadavers, ruin, love and war.
You walk -in a winter that pains- over the history of
      this land.

## Historia

> *Caer de un cielo y ser demonio en pena*
> *y de serlo jamás arrepentirse*
> LOPE DE VEGA

Un día despertamos bajo el cielo de la derrota,
vimos nuestros blasones quebrados, nuestras mujeres violadas,
   nuestros reinos perdidos.
Despertamos sobre la sucia cama del condenado,
sobre el camastro que anticipa la burla y la vergüenza;
amanecimos con la certeza de que no llegaríamos a la media
   tarde.
Fuimos victimados por nuestros propios bufones y lacayos,
por la dulce muchacha que una tarde gozamos en silencio,
por su padre, que al día siguiente nombramos capellán.
También estuvieron ahí para escupirnos el mendigo, la puta y su
   tahúr,
el hombre que construyó el cadalso, y el falso juez que dictó
   la orden.
Un día Versalles amaneció bajo la ira de su pueblo,
y los comerciantes, los nuevos señores, comenzaron
   a escribir la historia.

# History

> *To fall from heaven and become a suffering demon,*
> *and yet never regret it*
> Lope De Vega

One day we woke up under the sky of defeat,
we saw our coat of arms shattered, our women raped, our
    kingdoms lost.
We woke up on the filthy bed of the condemned,
on the pallet that awaits jeers and shame;
we woke up with the certainty that we wouldn't make it past
    mid-afternoon.
We fell victims to our own buffoons and lackeys,
to the sweet girl we relished one afternoon in silence,
to her father, whom the following day we appointed chaplain.
Also there to spit on us were the beggar, the whore and her
    pimp,
the man who built the gallows, and the false judge who issued
    the order.
One day Versailles awoke under the rage of its people,
and the tradesmen, the new lords, began
    to write history.

## El príncipe Manfredo maldice a su Santidad Clemente el Piadoso

Ahora que Dios y sus ejércitos se han perdido en lo blanco
    de la muerte,
que el llanto y la carroña coronan la testa de la Ciudad Imperial
mi cuerpo de Príncipe, de único Señor,
rueda por el fango a los márgenes del Benevento,
rueda entre la hierba pisoteada por las vacas.
Clemente y sus arpías, bajo un cielo de guerra, han desenterrado
    mi cuerpo,
han violentado la sangre y la carne de todos los míos.
Soy la rabia que da vida a los vencidos,
la sombra que vigila tus pasos y el beso de tus hijas,
la piedra que se interpone entre la noche y el día.
Con miedo caminarás por las calles de tu ciudad,
con miedo acariciarás la espalda de la muchacha,
ésa, que has prostituido con la majestad de tus hábitos.
No habrá cuartel para la vergüenza de tu imperio,
los perros de Florencia desgarrarán las vergas de tus capitanes
    amantísimos;
serás la presa y el blanco de tus propios soldados.
Nada lograrás con la afrenta de mis huesos insepultos,
con la infamia de ver mi carne devorada por los buitres.
Tiempo vendrá en que tu poderosa familia se arrastre ante mi
    sombra.
¡Rey de brujas y hechiceros, supremo pontífice de larvas
    y de putas!,
la noche es una espada que pende sobre tu pecho.

## Prince Manfred Curses His Holiness Clement The Merciful

Now that God and his armies have been lost in death's
>whiteness,
that the cries and carrion crown the Imperial City's forehead
my Prince's body, of one Lord,
rolls in the mud on the banks of the Benevento,
rolls in the grass trampled by cows.
Clement and his harpies, under a sky of war, have dug up my
>body,
have ravaged the flesh and blood of all whom are mine.
I am the rage that gives life to the conquered,
the shadow that watches over your steps and your daughters' kiss,
the stone that intervenes between night and day.
You will fearfully walk down your city streets,
you will fearfully caress the girl's back,
the one you have prostituted with the majesty of your habits.
There will be no mercy for your empire's shame,
the dogs of Florence will tear off the cocks of your most loving
>captains,
you will be the prey and target of your own soldiers.
You will accomplish nothing by insulting my unburied bones,
with the disgrace of seeing my flesh devoured by vultures.
A time will come when your powerful family will bow down at
>my shadow.
King of witches and wizards, high pontiff of larvae
>and whores!
Night is a sword that hangs above your chest.

Vi a Florencia arder, y ser su fuego, y ser su leña;
vi a los hombres caer, uno a uno, heridos por el odio,
y a sus mujeres solas con la rabia del silencio.
Clemente, la muerte habita en tus catedrales e iglesias,
el pueblo estudia hasta el menor de tus movimientos.
Florencia, el invierno ha cubierto tus calles,
los balcones están cerrados bajo el peso de la espera,
la ciudad toda permanece en acecho.
Mi cuerpo insepulto se pasea por tus plazas y callejas;
es la sombra que te sigue por las tardes,
el niño que se ríe ante tu paso,
la muchacha que se desnuda sobre la ruina de tu cuerpo.
Soy el lacayo que olvida la hora del servicio,
el soldado que deserta,
el banquero que lleva tus finanzas y cobra tus
      placeres.
Soy el ejército que cuida de tus sueños,
el arcángel que viola el sexo de tu amante;
el cuerpo más allá de tu reino con los cirios apagados.
Excelentísimo Papa Clemente el piadoso:
soy la ciudad de Florencia degollando tu imperio.

I saw Florence burn, and be her own fire, her own firewood;
I saw the men fall, one by one, wounded by hatred,
and their women alone in silence's rage.
Clement, death dwells in your cathedrals and churches,
the people study even the slightest of your movements.
Florence, winter has covered your streets,
under the burden of waiting, the balconies are closed,
the entire city lies in wait.
My unburied body wanders through your plazas and alleys;
it's the shadow that follows you in the afternoon,
the child who laughs as you walk by,
the girl who undresses over your body's ruin.
I am the lackey who forgets when to go to work,
the soldier who deserts,
the banker who keeps your books and takes account of your
        pleasures.
I am the army that watches over your dreams,
the archangel who violates your lover's sex;
the body beyond your reign with candles unlit.
Your Holiness Pope Clement the merciful:
I am the city of Florence beheading your empire.

## Balada a la memoria de François Villon

Hoy, a veinte de abril de 1470, un cadáver germina,
nace firme como rama de encino, como pechos de doncella.
Es el silencio que provoca el invierno, la corona que protege
    al asesino.
A las afueras de París los ángeles juegan a los dados mientras
    los menesterosos oyen el graznido de los cuervos,
ven el rostro ya cercano de nuestra señora La Muerte.
Ahora que los cadáveres se levantan como pendones al aire,
que los buitres celebran la justicia de los hombres,
un muchacho de poca estatura y corto entendimiento,
un villano cualquiera, un aprendiz quizá, lee unos versos al pie
    del cadalso,
unas estrofas burdamente rimadas y peor construidas;
lee el epitafio que años atrás escribiera uno
    de los colgados,
uno de aquellos ángeles que, a las afueras de París, se jugaban
    el recaudo de los clérigos,
el oro, la soberbia y el poder de los príncipes y señores.
Ahora el pueblo contempla la obra de la justicia:
los vientres hinchados, las caras amoratadas, y esa mujer que
    llora con el rostro embozado.
Todos los artefactos se han detenido, todas las maquinarias han
    parado su marcha:
el reloj de arena, la clepsidra, el resorte de la ballesta, y la noche
    inmensa del astrolabio;
y es que esta mañana, al amanecer, por el camino de Angers han
    colgado a François Villon,

## Ballad In Memory Of François Villon

Today, April 20, 1470, a cadaver germinates,
born firm as an evergreen branch, as a maiden's breasts.
It is the silence that winter provokes, the crown that shields the
    murderer.
On the outskirts of Paris, the angels shoot dice while the needy
    listen to the cawing of crows,
they see the emerging face of Our Lady of Death.
Now that the cadavers rise up like banners in the wind,
and vultures celebrate human justice,
a boy of modest stature and slight understanding,
a common villager, perhaps an apprentice, reads a few verses at
    the foot of the gallows,
some coarsely-rhymed and even worse-constructed stanzas;
he reads the epitaph that one of the hanged men had written
    years prior,
one of those angels who, on the outskirts of Paris, gambled away
    the priests' collection plate,
the gold, the haughtiness, and the power of princes and lords.
Now the people contemplate justice's handiwork:
the swollen bellies, bruised faces, and that woman weeping
    behind her veil.
All the contrivances have stopped; all the machines have gone
    idle:
the hourglass, the water clock, the crossbow's spring, and the
    astrolabe's vast night;
as this morning, at daybreak, on the road to Angers they hanged
    François Villon,

lo han dejado como una señal, como un punto de referencia;
pero en ese aliento hecho piedra, en ese cuello quebrado, acecha
    el último de los arcángeles
-la voz de mando-,
el coro de los ángeles, de los desterrados,
el odio de una batalla que aún no se ha perdido.

they left him as a sign, as a beacon;
but in that breath turned stone, in that broken neck, the last of
    the archangels lies in wait
-the voice of authority-,
the choir of angels, the exiled ones,
the hatred of a battle still raging.

## Al alba

Ángel de soledades, rey de piedra:
eres el hombre que retrocede ante la sangre.
Sobre ti halcones y milanos,
bestias sanguinarias que hablan de tu miedo.
Te apoyas contra el cuerpo inmenso de la noche, sientes su aliento.
Tanto batallar para morir al alba.
Sobre tus muertos, ella solloza y enloquece.
Lo sabes todo ya perdido.
El arzobispo te da su bendición,
y la recibes de él, de ese ávido que tú erigiste.
Los ejércitos esperan con las armas dispuestas.
Besas el rostro de un cristo repugnante,
pero en realidad la besas, y ella te besa a ti.
Solo, entre el odio de tu gente, te arrepientes.
Mañana cantarán el crimen de tu imperio.
Ahora, destrozan tu cuerpo.

## At Dawn

Angel of loneliness, king of stone:
you are the man who recoils in the face of blood.
Falcons and kites flying above you,
bloody beasts who speak of your fear.
You rest upon the night's vast body; you feel its breath.
So much fighting to die at dawn.
Over your dead, she sobs and goes mad.
You know that everything is already lost.
The archbishop gives you his blessing,
and you receive it from him, that greedy one you built up.
The armies wait with arms brandished.
You kiss the face of a repugnant Christ,
but the truth is you kiss her, and she kisses you.
Alone, amidst the hatred of your people, you repent.
They will sing of the crime of your empire tomorrow.
Now, they rip your body to shreds.

## Después de la batalla

I
Las mujeres aguardan en silencio la llegada de sus hombres.
Los ancianos bajan a esperar a sus hijos.
Hay ángeles de blanca túnica entre la plebe de las calles,
sacerdotes de altiva frente, jurisconsultos de púrpura toga.

II
Elpénor, el de la aguda espada,
el más viejo de los guerreros todos,
hinca su rodilla sobre la amada patria;
atrás quedó la sangre enfurecida:
jóvenes cuerpos devorados por los perros.

III
Se levantan los túmulos funerarios,
se ofrendan las hecatombes.
No hay guerrero que no participe,
que no derrame el negro vino sobre la carne sacrificada.

## After The Battle

I
In silence the women await the arrival of their men.
The elderly come down to wait for their sons.
There are angels with white robes among the masses in the streets,
priests with their heads held high, juriconsults in purple togas.

II
Elpenor, of the sharp sword,
oldest of all the warriors,
kneels before his beloved country;
the infuriated blood remained behind:
young bodies devoured by dogs.

III
The burial mounds rise up,
hecatombs become offerings.
There isn't a soldier who doesn't take part,
who doesn't spill dark wine over sacrificed flesh.

IV
Bailan los ángeles hasta el amanecer
rodeados por el canto y el deseo de los marineros y soldados.
En las colinas las mujeres dan gracias;
las otras, se guardan en la oscuridad de sus recuerdos.

V
En la playa las lanzas despuntan un sol de ira y miedo;
miles han quedado lejos
a merced de las fieras y la noche;
otros, enfrentan la angustia de morir en mar abierto.

VI
Clonio, el de las negras naves,
hijo de Néstor el barbero, no volvió a la ciudad,
su cuerpo rodó bajo los carros.
Ahora el padre consume su hacienda entre putas y borrachos.

IV
Angels dance until dawn
surrounded by the song and desire of sailors and soldiers.
On the hills the women give thanks;
the other women wait in the darkness of their memories.

V
On the beach spears pierce a sun of rage and fear;
thousands have remained in the distance
at the mercy of beasts and the night;
others face the anguish of dying on the open sea.

VI
Clonius, he of the black ships,
son of Nestor the barber, did not return to the city,
his body rolled under carts.
His father now wastes away his estate amid whores and drunks.

VII
En vano la divina Alcestes desnudó su cuerpo,
en vano las doncellas se entregaron a la espera.
Ya la hiedra ha cubierto los jardines
y el agua ha podrido los tablones del muelle.
Los sacerdotes y sus templos son hoy polvo.
Corrompida está la carne de los príncipes,
derramada la sangre de los héroes.
En esta ciudad los ángeles caminan de espalda a los muertos.

VIII
La noche levanta el cuerpo del caído
en medio de este océano de sombras y conjuros.

VII
The divine Alcestis undressed her body for naught,
in vain the young maidens gave in to waiting.
The ivy has already covered the gardens
and the water has rotted the planks of the pier.
The priests and their temples are dust today.
The princes' flesh is corrupted,
the heroes' blood spilt.
In this city the angels walk with their backs to the dead.

VIII
The night raises the fallen one's body
amidst this ocean of shadows and spells.

IX
Aún se oye el lamento de los náufragos en la playa.
Las muchachas dejan caer arena sobre sus sexos
para sentir el cuerpo de sus amantes perdidos.

X
La noche continuaba devorando los restos del naufragio,
asediando la ciudad amurallada.

Tal fue la agonía.

Sólo el invierno merodea la ciudad.
Sólo el invierno cubre su ruina.

IX
The cries of the shipwrecked are still heard on the beach.
The maidens let sand spill down over their sex
to feel the bodies of their lost lovers.

X
The night continued devouring the remains of the shipwreck,
besieging the walled city.

Such was the agony.

Winter is all that roams about the city.
Winter is all that covers its ruins.

## A Clodia

Los ojos azules de los muertos vigilan desde lo alto de la noche.
Las aguas del Egeo, quietas, a la orilla de la playa;
y las mujeres, desnudas, en la oscuridad de su deseo.
Con octubre han llegado los hombres de corazón solitario,
han llegado a instalar sus tiendas, sus madejas de actos fallidos.
El cielo se tiñe con el color de estas calles, con el color de esta
    ciudad adormecida,
mientras las muchachas deambulan, de aquí para allá, con
    la tristeza de sus lunas perdidas.
Son el abandono, la rapiña y la usura el platillo fuerte de esta mesa,
la música que deleita a nuestro oído y marca el compás de
    los danzantes,
la tregua que marchita la flor de la victoria, y la herrumbre que
    muerde el filo de la espada.
Estamos aquí, en el banquete, saboreando los placeres de la carne,
gozando de los besos de Claudia y sus hijastras,
rodeados de mancebos de mirada hueca.
Pero es el mar quien nos entrega su tributo de cadáveres y
    demonios hambrientos,
es él
el que araña las paredes, el que abre las puertas e inunda la noche,
el de los jardines desolados; el asesino que recorre los cuartos de
    la casa.
No hay quien pueda detener su paso, su fuerte batir de alas
    encendidas,
ni quien cubra la herida que deja el navajazo de su vuelo.
El mar es, en realidad, el silencio que separa nuestros cuerpos.
…

## To Clodia

The blue eyes of the dead keep watch from the peak of night.
The waters of the Aegean, calm, at the seashore;
and the women, naked, in the darkness of their desire.
With October the lone-hearted men have arrived,
they have arrived to pitch their tents, their piles of vain efforts.
The sky is dyed with the color of these streets, with the color of
    this sleeping city,
while the girls saunter, back and forth, with the sadness of their
    lost moons.
Abandonment, theft, and usury are this table's main dish,
the music that delights our ears and keeps the beat for the
    dancers,
the truce that withers victory's flower, and the rust that wears
    down the sword's edge.
Here we are, at the feast, savoring carnal pleasures,
relishing Claudia and her stepdaughters' kisses,
surrounded by young men with empty stares.
But it is the sea who offers us tribute of cadavers and hungry
    demons,
it is she
who scratches the walls, opens doors and inundates the night,
she of the deserted gardens; the murderer who stalks the rooms
    in the house.
No one can stop her advance, the forceful beating of blazing
    wings,
no one to cover the wound left by the slash of her flight.
The sea is, in fact, the silence that separates our bodies.
…

El salón ha quedado vacío, sólo se oye el viento entre
    las hojas,
el canto lejano de las sirenas, y el lamento, apenas quedo, de los
    marineros perdidos.
Está amaneciendo en Mitilene bajo un cielo gris de lluvia y
    ángeles;
la ciudad se puebla de gente ordinaria, de gritos y extranjeros.
Clodia, te he vuelto a amar en esta ciudad de bárbaros.

The room has remained empty, the wind among the leaves is all
    that can be heard,
the distant song of the sirens, and the almost imperceptible
    lament of lost sailors.
The day dawns in Mytilene under a sky gray with rain and
    angels;
common people, shouts and foreigners fill the town.
Clodia, I have come to love you again in this city of barbarians.

# Addenda

# Addenda

## Oda a Ibn Gabirol

En esta calle larga de pobres
donde el odio y la rapiña ondean sus estandartes
encuentro tu cuerpo lastimoso,
la sangre amotinada de tu pecho;
viejo poeta, miserable de otro tiempo: Ibn Gabirol.

En vano el arcángel señaló las puertas,
en vano se ha fundido el acero;
y en vano también se fundó esta ciudad,
refugio de ladrones y rameras;
la misma que, años atrás, mordiera tu carne.

Ya no estamos frente a las costas de Málaga
ni éste es el mercado en Zaragoza;
estamos aquí, en esta calle de niños y maricas,
de obreros imbéciles y adolescentes mutilados;
aquí la ruina es el pan de cada día,
el gancho que traspasa la carne, la piel del condenado.
Hemos construido templos inmensos, ciudades amuralladas,
sitios propicios a la infamia y la vergüenza;
también hemos dibujado en los mapas los lugares sagrados.

## Ode To Ibn Gabirol

On this long road of destitute people
where hate and theft wave their banners
I find your pitiful body,
your chest's rebellious blood,
old poet, wretch of another age: Ibn Gabirol.

The archangel signaled to the gates in vain,
the steel has been cast for naught;
this city was also established in vain,
refuge of robbers and whores;
the same one that, years before, ate away at your flesh.

We no longer face the coast of Malaga
and this isn't the market in Saragossa either;
here we are, on this street of children and queers,
of imbecile laborers and mutilated adolescents;
here ruin is our daily bread,
the hook that runs through flesh, the skin of the condemned.
We have built huge temples, walled cities,
places given to infamy and shame;
we have also sketched the sacred places on the maps.

En esta ciudad de perros hambrientos
el odio es un beso que se da de madrugada.

Ibn Gabirol, poeta de oscura lengua,
navajazo que hiere el rostro del amante.
La muerte merodea las fronteras de tu reino
y no hay guardia capaz de detener su paso,
de sostener el yugo de sus ojos, el alfanje de su sexo.
Hoy esta ciudad se congrega contra tu recuerdo.

Ibn Gabirol, poeta de noches sin luna,
hacedor de la rabia de un pueblo,
en tus desiertos se pierde el canto de los hombres,
la fina geografía de sus pasiones y recuerdos.
Nada ha quedado ya del templo y sus mujeres,
de sus ángeles cubiertos por la ira del deseo.
En esta ciudad hasta el olvido se ha negado a crecer.

Pero basta ya de inmolar tu carne en mi carne,
de probar el cáliz por tus labios;
ahora la serpiente desata la tormenta y no queda tiempo
      para salvar tus muertos.
Ibn Gabirol, enfermedad que corrompe los huesos, que destruye
      la piel.

In this city of hungry dogs
hate is a kiss given in the early morning.

Ibn Gabirol, dark-tongued poet,
slash that wounds the lover's face.
Death roams the borders of your kingdom
and no guard can stop her passage,
can bear the yoke of her eyes, the scimitar of her sex.
Today this city gathers against your memory.

Ibn Gabirol, poet of moonless nights,
maker of a people's fury,
the song of men is lost in your deserts,
the delicate geography of your passions and memories.
Nothing has remained of the temple and its women,
of its angels covered by the rage of desire.
In this city even forgetfulness refuses to grow.

But enough of sacrificing your flesh in mine,
of tasting the chalice with your lips;
now the serpent lets loose the storm and there is no time left
    to save your dead.
Ibn Gabirol, sickness that rots bones, that destroys
    the skin.

En vano la historia pudo ser otra.

*Monterrey, septiembre de 1986.*

History could have been different, in vain.

*Monterrey, September 1986.*

www.ingramcontent.com/pod-product-compliance
Lightning Source LLC
Chambersburg PA
CBHW051606170426
43196CB00038B/2948